Lb 413.

AF268195

109²

PROPHÉTIES

D'UNE RELIGIEUSE DE BELLEY

ET

D'UN CULTIVATEUR DE VILLENEUVE-DE-BERG,

QUI ONT PRÉDIT LES ÉVÉNEMENS ARRIVÉS EN FRANCE DEPUIS LE 25 JUILLET 1830, ET QUI EN ANNONCENT BEAUCOUP D'AUTRES POUR LES ANNÉES 1831, 1832, ET SUIVANTES.

Publiées avec des observations, des documens, des commentaires, et d'autres prédictions,

par M. .... de la Marne.

Deuxième édition.

PARIS,

A LA LIBRAIRIE DE HIVERT, QUAI DES AUGUSTINS, Nᵒ 55.

Prix, 60 centimes, franc de port par la poste.

14 FEVRIER, 1831.

OUVRAGES RÉCEMMENT PUBLIÉS QUI SE TROUVENT A LA
MÊME LIBRAIRIE.

Dix jours de 1830; *souvenirs de la dernière révolution*; par M. A. S... ,
officier d'infanterie de l'ex-garde royale. 1831. Seconde édit. Demi-
volume in-8°. Prix : 2 fr. 50 cent.; et 3 fr., franc de port par la poste.

Maison de Polignac; précis historique, orné du portrait de M. le prince Jules
de Polignac, président du conseil des ministres ; par M. le baron de ***.
1830. 1 vol. in-8. Prix : 4 fr. ; et 4 fr. 75 cent. , franc de port par la
poste.

La Légitimité des Bourbons expliquée d'après la religion et l'histoire; par
M. .... de la Marne. 1830. Brochure. Prix, 75 cent. , franc de port par
la poste.

*Etude raisonnée du magnétisme animal, et preuves de l'intervention des puis-
sances infernales dans les phénomènes du somnambulisme magnétique;* par
M. .... de la Marne. 1828. Avec un supplément publié en 1831. Brochure. Prix : 1 fr. ; et 1 fr. 10 cent. , par la poste.

PARIS. — IMPRIMERIE DE BÉTHUNE,
RUE PALATINE, N° 5.

PROPHÉTIES

PARAGRAPHE I.

Des prophéties en général.

Quand l'homme, se sentant oppressé par l'inquiétude, lève les yeux vers la mystérieuse région de l'avenir, ce qu'il aperçoit d'abord, c'est qu'elle est divisée en deux immenses parties. Dans l'une sont les faits résultant des seules lois physiques qui régissent l'univers; dans l'autre, ceux qui dépendent non-seulement de ces lois, mais encore des volontés libres des mortels.

Quant aux premiers, la science peut en prédire avec certitude un grand nombre. L'astronomie, par exemple, nous annonce, sans s'y tromper jamais, les éclipses dont nous devons être témoins. Il n'en est point ainsi de la seconde classe de faits. Subordonnés aux innombrables variations de l'esprit humain, la plupart sont pour nous imperceptibles; et le reste n'est que partiellement et obscurément visible sur cette terre.

Mais nous ne sommes point les seuls êtres possédant le pouvoir de contempler l'avenir. Les sciences, l'histoire, et une expérience de presque six mille ans, nous apprennent qu'au-dessus de nous il est dans l'univers une Intelligence suprême, éternelle, infinie; et des esprits célestes, beaucoup plus éclairés que les nôtres; et des génies infernaux, aussi plus pénétrans qu'il ne nous est donné de l'être en ce monde. L'antique *Oupnek'hat* de l'Asie, composé d'après les *Védas*, plus vieux encore, s'exprime à ce sujet en termes dignes d'être ici rapportés. « Nous l'avons appris, dit-il, par » les grands précédens (les patriarches), il est un Créateur, infini, » ineffable, immuable, pur, indépendant... Outre ce monde vi- » sible, il y a le monde primitif du Créateur; le monde des ancê- » tres, le monde des bons génies... Il y eut un temps où une dis- » pute survint entre les anges et les démons. Les anges eurent la » victoire (1) ».

____

(1) Voyez l'*Oupnek'hat*, traduit en latin par Anquetil Duperron, t. 2, pag. 294; et la traduction française de plusieurs extraits de ce livre donnée par M. Lanjuinais dans le *Journal asiatique*.

Les uns et les autres sont, ainsi que l'Eternel, plusieurs fois intervenus miraculeusement dans les événemens terrestres. Le genre humain l'a constaté; et de là sa foi antique, universelle, indestructible, à l'existence non-seulement de Dieu, mais aussi des anges et des démons (1). Les plus anciens livres qui soient parvenus jusqu'à nous parlent de ces deux classes d'esprits. Et si, pour abréger, je m'abstiens de le prouver ici par des citations qu'il serait facile de produire, qu'on ne me soupçonne pas cependant d'exagérer; car l'impiété l'a elle-même reconnu dans les ouvrages d'un de ses plus fameux organes. « Tous les anciens, a dit »Dupuis, ont admis la distinction des bons et des mauvais anges »ou génies... La doctrine des anges de lumière et des anges de »ténèbres se retrouve dans toutes les théologies (2) ».

Ainsi, parmi les événemens futurs que l'homme ne peut apercevoir, il en est que doivent découvrir les génies du ciel et ceux de l'enfer.

Enfin, la souveraine Intelligence, elle qui a créé et qui gouverne l'univers, elle dont l'immensité embrasse les causes et les effets, elle qui modifie à son gré les autres intelligences, elle qui voit les pensées, les désirs, les inclinations, les projets, ensevelis jusque dans les dernières profondeurs de l'esprit humain, connaît assurément l'avenir.

Il est donc possible que des hommes annoncent d'avance des événemens imperceptibles à notre vue intellectuelle, si quelqu'un des êtres du monde éternel les leur a révélés.

En consultant les histoires bien avérées qui se trouvent chez les divers peuples de la terre, on découvre plusieurs exemples de semblables communications. L'on apprend même que le genre humain, dès les premiers temps de son existence, reçut de Dieu, avec la religion, des enseignemens prophétiques. L'antiquité en conserva la tradition; et aujourd'hui encore nous en rencontrons d'étonnans vestiges dans des livres écrits il y a deux ou trois mille ans.

Les prophéties sur l'Être prodigieux qu'attendirent la Judée, l'Inde, la Chine, « tout l'Orient », dit Suétone (3), et même « toute l'Asie », selon l'aveu de Volney (4), dominent entre les autres. Citons-en deux seulement : celle que Daniel reçut dans la Chaldée d'un esprit céleste, et celle qu'à la Chine Tseu-sse consigna dans le *Tchoung-young*.

Plus de cinq siècles avant la naissance du Messie, le juif Daniel, captif à Babylone, y écrivit les paroles suivantes :

____

(1) Une autre cause de cette foi générale, ce sont les révélations dogmatiques données de Dieu aux premiers hommes.

(2) *Traité des myst.*, p. 636 ; et *Orig.*, t. 5, ch. 1.

(3) *Vita Vespas.*, cap. 4.

(4) *Rui.*, chap 22.

« J'invoquai le Seigneur mon Dieu, en le priant dans les jeûnes
» et dans la cendre... Tandis que je parlais encore, Gabriel (1),
» que j'avais vu en vision, me dit : A l'égard de ton peuple et de
» la ville sainte, le temps est fixé à 70 semaines (2), pour que
» la prévarication soit abolie, que le péché ait une fin, que l'ini-
» quité soit expiée, que la justice éternelle paraisse, que les vi-
» sions et les prophéties s'accomplissent, et que le Saint des saints
» reçoive l'onction. Sache donc et remarque ceci : Depuis les paroles qui seront dites pour que l'on rebâtisse Jérusalem, jusqu'au
» Messie chef, il y aura sept semaines et soixante-deux semaines.
» Et les places et les murailles seront construites de nouveau en
» des temps difficiles. Et, après soixante-deux semaines, le Mes-
» sie sera mis à mort, et personne ne sera pour lui. Le peuple qui
» doit venir avec un chef saccagera la ville et le sanctuaire. Et sa
» fin sera une dévastation. Et la guerre ne finira que par une entière
» désolation. En une semaine il (le Messie) confirmera l'alliance
» avec beaucoup. Et dans le milieu de la semaine il fera cesser le
» sacrifice et l'oblation. Et les abominations de la désolation seront
» sur les environs; et la désolation durera jusqu'à la consomma-
» tion et la fin (3) ».

Au temps marqué commença l'accomplissement de cette prophétie; et elle se réalisa jusqu'à la dernière ligne (4). Qu'on n'ou-
blie pas cependant que les Chrétiens la reçurent il y a 1800 ans
des Juifs, leurs implacables ennemis ; des Juifs qui l'avaient mise
long-temps avant, avec l'ouvrage qui la contient, au nombre de
leurs livres sacrés; des Juifs qu'elle embarrasse, qu'elle désole,
qu'elle condamne, mais qui, n'en pouvant obscurcir l'authentique
origine, n'ont pas cessé de la conserver intacte, quoiqu'en sou-
pirant de dépit, dans leurs *Bibles* hébraïques.

Ouvrons maintenant le *Tchoung-young*, composé environ un
demi siècle après la mort de Daniel.

« O grande vertu du Saint homme !.. Vertu dont la hauteur s'é
» lève jusqu'à Tien (5)!... Il faut attendre cet homme, et ensuite
» il y aura perfection.... Cent chi (6) se sont passés (7) à attendre

---

(1) Nom que les Juifs donnent à un ange.

(2) Les anciens Juifs comptaient par semaines les années aussi bien que
les jours. On en voit un exemple dans le *Lévitique*, ch. 25, v. 8.

(3) *Bible*, livre de Daniel, ch. 9, édition de M. Drach.

(4) Voyez-en la preuve dans la *Religion chrétienne prouvée par les faits*,
édition en 4 vol. in-12, t. 3 ; ou dans la *Bible de Vence*, édition de
M. Drach.

(5) Mot chinois qui signifie *Dieu*.

(6) « Un *chi* est l'espace de 30 ans ; cent chi font donc 3000 ans », dit
le plus savant sinologue de l'Europe, dans une note de sa traduction du
Tchoung-young.

(7) *Se sont passés* ou *doivent se passer;* car le texte chinois présente
ces deux sens. Selon l'un et l'autre, et eu égard aux obscurités de la chrono-
logie sur les premiers temps, Tseu-sse ne se trompait pas de beaucoup

(6)

» le Saint homme (1).... Le Saint par excellence est le seul qui puisse
» être assez intelligent, illustre, clairvoyant, sage, pour avoir au-
» torité ; assez grand, magnanime, affable, bon, pour établir la
» paix... La gloire de son nom inondera, comme un Océan, l'empire
» du milieu ; elle parviendra aux barbares et aux étrangers, en tous
» les lieux où vont les vaisseaux et les chars, en tous ceux où pé-
» nètrent les forces des hommes, en tous ceux que couvre le ciel,
» que supporte la terre, qu'éclairent le soleil et la lune, en tous
» ceux où tombent les frimas et la rosée. Tout ce qui vit et respire
» le vénérera et l'aimera. Aussi le dit-on comparable (2) à Tien (3) ».

A ce texte, si remarquablement prophétique, il faut ajouter que
plusieurs livres chinois attestent de Khoung-tseu (4), cet illustre
sage, mort 479 ans avant notre ère, après avoir long-tems enseigné
les traditions des anciens âges (5), qu'il parlait souvent d'un Saint qui
devait paraître ou qui existait déjà dans l'Occident (6). Or la Judée, où naquit et vécut le *Saint par excellence*, selon l'expression
de Tseu-sse, est justement à l'occident de la Chine (7). Du reste,

---

(1) « Le commentaire original (chinois), qui est particulièrement destiné à faire sentir la suite et l'enchaînement des idées, et les rapports sy-
métriques que les phrases ont les unes avec les autres, fait observer ici les
quatre choses qui, suivant le texte, concourent à former la vertu du sage :
khao, l'examen ou la règle de conduite qu'on prend chez les anciens (c'est
sans doute l'étude des traditions religieuses) ; *kian*, l'établissement ou la
conformité avec le ciel et la terre ; *tchi*, le témoignage qui se tire des esprits ; et *ssé*, l'expectation qui fait que l'on compte sur la venue du Saint
homme. Ainsi, en termes européens, les quatre mobiles de l'homme ver-
tueux sont l'exemple des anciens, l'amour de l'ordre, le témoignage des
êtres surhumains, et l'attente d'une rémunération ». Cette note est aussi
de l'illustre président de la Société asiatique de France, M. Rémusat. Voyez
sa traduction du *Tchoung-young*.

(2) On lit dans les *Mémoires concernant les Chinois* (*Mém.* de Cibot, page
385) que le *Grand commentaire du Chou-king* est encore plus formel, et
porte que « Tien est le Saint invisible ; et le Saint, Tien devenu visible ».
Voyez aussi dans l'ouvrage de Grozier sur la Chine (t. 4, p. 505) le récit
d'une découverte surprenante, relative au dogme de la venue du grand
personnage appelé par les Chinois *le Saint homme* (Chin-gin) et même
le Dieu-homme (Tien-gin).

(3) Le *Tchoung-young*, ou l'*Invariable milieu*, publié en chinois et traduit
littéralement en latin par M. Rémusat dans les *Notices et extraits des manus-
crits de la Bibliothèque du roi*, t. 10. Ch. 27, 29, et 31 de l'*Invariable milieu*.
J'ai traduit ma citation, littéralement aussi, sur le latin de M. Rémusat.—
Le *Tchoung-young* est un des livres canoniques de la Chine. Or cette qua-
lité garantit de toute altération.

(4) Nommé fort mal à propos *Confucius* par les Européens.

(5) Voyez les notes sur l'*Invariable-milieu* qui se trouvent dans le t. 1 des
Mémoires concernant les Chinois.

(6) Voyez une note sur ce sujet dans la traduction déjà citée de l'*Invariable milieu*.

(7) Ceux des théologiens qui s'imaginent connaître l'état religieux des

pour quiconque a étudié les doctrines religieuses des anciens
peuples, non pas seulement dans les colléges et les séminaires, où
l'on ignore généralement ce qu'elles étaient, mais dans les livres
mêmes des nations de l'antiquité ou bien dans ceux des savans
européens, les paroles de Khoung-tseu n'ont rien d'étonnant. Car,
ainsi que l'atteste l'historien latin Suétone (1), tout l'Orient a
retenti des révélations divines qui annonçaient la venue du Messie. Cette vérité frappa l'impie Boulanger, qui l'appelait impu-
demment, malgré l'éclatante réalisation de la prophétie, une
chimère universelle (2). Et plus récemment Volney a consigné
dans un roman anti-chrétien, destiné à corrompre les pauvres esprits qui ne savent ce que c'est que la religion et l'antiquité (3),
cet important aveu : « Les traditions sacrées et mythologiques des
» temps antérieurs (au premier siècle de l'ère chrétienne) avaient

---

anciens peuples, parce qu'ils ont lu les livres sacrés d'un petit pays de
l'immense Asie et quelque mauvais *Dictionnaire de la Fable*, s'étonneront
sans doute de voir de telles idées dans des ouvrages chinois, dont l'un a
été écrit il y a vingt-trois siècles. Quelle serait donc leur surprise, si on leur
montrait dans les antiques livres de la Chine, de l'Inde, de la Perse, de
la Tartarie, dans les monumens de l'Égypte, dans les auteurs grecs et
romains, et jusque dans les traditions nationales de l'ancienne Améri-
que, la plupart des dogmes professés par les patriarches, ensuite par les
Hébreux! Hélas! je le dis avec la tristesse dans l'âme, le plus grand nombre de théologiens n'ont jamais rien vu de la magnifique unité non plus
que de l'universalité imposante de la religion. Ils ignorent ces deux célestes caractères de la science qu'ils enseignent ; tandis que je vois des écrivains irréligieux amenés par leurs études à rendre sur ce point hommage à
la foi du genre humain. Écoutez, par exemple, le traducteur anti-chrétien
de Carli : « Ce qu'il y a de certain, c'est que plus on approfondit la reli-
» gion des différens peuples, plus on se persuade qu'*il n'y en a encore eu
» qu'une seule sur toute la terre, et que c'est celle des premiers âges du globe*
(Note sur la *Lettre* 8.) ». Écoutez encore un ennemi du christianisme,
Dupuis, que ses recherches dans l'antiquité instruisirent de quelques faits
qui eussent dû suffire pour le faire renoncer à ses extravagans et coupables
desseins. « Partout le fond est commun entre la théologie des chrétiens et
» toutes les autres théologies, avec des formes plus ou moins différentes ;
» et la conformité est absolument parfaite dans tous les points capitaux. Je
» ne m'étonne pas après cela que les Pères aient eu tant de facilité à prou-
» ver aux payens que les idées des chrétiens se retrouvaient partout d'une ma-
» nière plus ou moins claire (*Orig.* t. 3, ch. 3.) ». Jeunes ministres de l'Église,
étudiez donc, à l'exemple de quelques-uns de ces Pères, l'antiquité religieuse. Au lieu de pâlir sur tant de volumes mystico-insignifians, explo-
rez théologiquement l'ancien monde. Bientôt, rejetant les étroites idées
que vous avez encore de la religion, vous la verrez, cette religion divine,
dans sa majestueuse immensité.

(1) *Vita Vespas.*, cap. 4.

(2) *Rech. sur le des.*, sect. 10. — Remarquez ce mot *universelle*, qui est
un aveu curieux.

(3) Quand est-ce donc que l'ignare et vaniteuse foule des impies s'aperce-

» répandu *dans toute l'Asie* un dogme *parfaitement*(1) analogue (à
» celui des Juifs sur le Messie). On n'y parlait que d'un grand Mé-
» diateur, d'un Juge final, d'un Sauveur futur, qui devait rame-
» ner l'âge d'or, et rendre aux hommes le règne du bien, la paix
» et le bonheur (2) ».

Rien donc n'annonce que Tseu-sse ait été éclairé de lumières
surhumaines avant d'écrire le passage que je viens d'extraire de son
livre ; aussi l'auteur lui-même le donne-t-il sans aucune préten-
tion. Mais les prédictions qu'il exprime n'en sont pas moins d'origine surnaturelle.

Quant au moyen de distinguer si une prophétie émane du ciel
ou de l'enfer, il devient manifeste, au premier regard jeté sur la
nature des esprits du monde éternel. Les uns sont les génies de
la vérité et de la vertu ; les autres, les génies de l'imposture et du
vice. De là résultent évidemment ces deux conséquences :

Toute prophétie qui sort d'une bouche pure, qui en outre
exhorte au bien ou du moins ne porte point au mal, qui enfin ne
contient rien de mensonger, est de source céleste.

Et au contraire toute prophétie annoncée par des lèvres im-
pures, ou mensongère en quelque partie, ou excitant au mal, ou
tendant à accréditer soit des égaremens soit des crimes, est
empreinte du sceau de l'enfer.

---

vra du mépris qu'elle inspire aux vrais savans, et même à ceux de ses pro-
pres coryphées qui ont acquis de l'instruction ? Dupuis gémissait de tant
de bassesse intellectuelle ; ce qui lui fit écrire ces mots si frappans de vérité : « De nos jours, les philosophes sont moins crédules que le peuple,
» mais ils ne sont pas plus instruits (*Orig.* t. 5, ch. 1.) ».
Un autre écrivain de l'irréligieuse faction du libéralisme n'a pu s'em-
pêcher de lui adresser, en parlant de la *Bible*, ces justes reproches ; « Pour
» s'égayer avec Voltaire aux dépens d'Ezéchiel et de la *Genèse*, il faut réu-
» nir deux choses qui rendent cette gaité assez triste : *la plus profonde igno-*
» *rance* et la frivolité *la plus déplorable* (*De la religion*, l. 4, ch. 2) ».
Ainsi parlait, il y a peu d'années, M. Benjamin Constant. En effet, outre
que la plupart des infamies de Voltaire au sujet de nos livres sacrés portent
sur des contre-sens et des impostures, qu'est-ce, après tout, que la *Bible* ?
Un recueil d'ouvrages antiques, dont une partie des auteurs eurent sur
la religion et sur quelques événemens des révélations célestes, qu'ils
écrivirent ensuite tant bien que mal, en ajoutant une foule de digressions
où se retrouvent les opinions, les mœurs, les erreurs, parfois même les
passions, des temps où ils vécurent. Ceci étant considéré, les trois quarts,
au moins, des objections faites contre la *Bible* n'ont pas besoin de réponse. Tel auteur, dites-vous, erre sur l'astronomie, tel autre sur la phy-
sique, celui-ci a écrit un sophisme, celui-là exprime des désirs de vengeance.
Eh ! qu'importent toutes ces fautes ! Et qui ne sait que Dieu n'a ni révélé les
sciences humaines ni fait don de l'impeccabilité aux écrivains de la *Bible* ?

(1) Un dogme *parfaitement analogue* à un autre dogme est certainement ou le même ou à peu près le même.
(2) *Rui*, ch. 22.

En résumé, la prophétie est chose possible, l'homme a un moyen de découvrir d'où elle émane, et il en existe de réelles. Cela posé, examinons de celles de Belley et de Villeneuve-de-Berg.

PARAGRAPHE II.

Texte et commentaire de la Prophétie de Belley.

» Fragment d'une prédiction d'une religieuse de Belley, faite en
» 1810, et conservée religieusement dans sa propre famille, habi-
» tant les environs de Béziers :

» ..... Alors Dieu détourne sa main de celui qui aura signé ces
» arrêts injustes (1); et le jour de la fête des siens (2) son exil
» sera décidé. Les m.... (3) triompheront. La Seine chariera des ca-
» davres ; le sang coulera sur et sous les pierres de la grande ville ;
» des femmes, des enfants périront. Ceci arrivera avant la fin de
» juillet 1830 (4).

» Et pendant le mois d'août une branche glorieuse des Bour-
» bons sera coupée. Un Bourbon doit périr ; un autre avant sera
» élevé (5).

» Son pied glissera dans le sang. Une tache de sang marque son
» front et s'étend jusqu'à la génération (6).

» Avant la fin de l'année il tremblera ; ceux qui l'auront élevé
» tressailleront (7).

» Je vois (8) du feu les poursuivre et du sang couler. Des dra-

------

(1) Les ordonnances du ministère Martignac contre les établissemens de la vénérable Société des Jésuites.

(2) Le jour où les royalistes demeurés purs de toute atteinte de constitutionalisme connurent les ordonnances du 25 juillet fut pour eux un *jour de fête*. Ils ne pensaient pas que le gouvernement n'avait pris aucune mesure de prudence pour contenir le libéralisme frémissant de colère.

(3) Je supprime ici une expression peu flatteuse pour le parti ministériel, et par laquelle la religieuse désigne manifestement les libéraux.

(4) On sait que tout *ceci arriva* en effet *avant la fin de juillet* 1830.

(5) C'est aussi *en août*, et après l'élévation révolutionnaire de Philippe, qu'est mort le prince de Condé.

(6) La copie que j'ai transcrite dans ma première édition portait les mots *sang* au lieu de *pied* et *exilé* au lieu d'*élevé*. C'étaient deux fautes. Je les ai corrigées d'après d'autres copies. Quant à la phrase *une tache de sang etc.*, elle est fort obscure. Il y a peut-être là erreur de quelqu'un des nombreux copistes qui se trouvent entre le texte original et moi.

(7) Le gouvernement a dû *trembler* en décembre, quand *ceux qui l'ont élevé*, *tressaillant* alors de fureur, tentèrent d'envahir la chambre des Pairs, de massacrer les nobles accusés pour avoir entendu l'article 14 de la charte autrement que *le Constitutionnel*, et de changer par la force le gouvernement lui-même. Ainsi se termina, selon la prophétie et l'expérience, la fatale année 1830.

(8) Il s'agit maintenant de 1831 et de faits à venir. En général, les

»peaux funèbres s'élèvent ; tout est perdu pour eux (1).

» Ils semblent triompher encore, les insensés ; ils se rient de »Dieu (2).

» Les temples sont fermés, les ministres divins fuient, le grand »sacrifice cesse (3).

» Malheur ! malheur à la cité corrompue (4)!

» Un nouvel an paraît ; le grand pontife meurt (5).

» Ils ne s'entendent plus. Fuyez, enfans de Dieu, fuyez. Le »jour des morts est arrivé (6).

» Des cris retentissent de toutes parts : Vive la république! vive Napoléon! vive Henri! vive Louis! Quelle confusion! Le feu, le sang, la faim, tout l'enfer (7)!

» Malheur! malheur! trois fois malheur à la cité de sang! »Malheur à la cité de l'hérésie! Malheur à la cité du crime (8)!

» Les méchans veulent tout détruire. Leurs livres, leurs doc-»trines inondent le monde (9).

------

prophéties ont une certaine latitude de sens, d'où il résulte qu'elles sont, avant l'accomplissement, susceptibles de diverses interprétations. Après avoir considéré le temps où j'écris, j'en ai imaginé une que les partisans de Louis-Philippe liront sans doute avec plaisir.

(1) En 1831, une émeute républicaine surviendra dans une ville de province. Les insurgés auront des drapeaux noirs. Quelques coups de fusils seront tirés sur eux, et il y en aura de blessés. Le gouvernement les forcera de se soumettre ; et dès lors *tout sera perdu pour eux*.

(2) Après avoir repoussé les premiers gendarmes et gardes nationaux envoyés contre eux, les républicains *sembleront triompher* et outrageront la religion.

(3) L'émeute éclatera un dimanche durant la célébration des messes paroissiales, qui seront alors interrompues. *Le grand sacrifice cessera* pour ce jour là ; on fermera les portes des églises ; et les prêtres se retireront.

(4) Il s'agit ici de quelque ville dépravée, comme il y en a tant eu France, ou bien de la ville même où aura lieu le tumulte.

(5) D'après cela, le futur monarque de l'Église doit mourir dans les commencemens de l'année 1832.

(6) La religieuse revient aux républicains de province dont elle a déjà parlé ; et, prévoyant une seconde émeute, conseille la fuite aux catholiques de la ville qui doit être le théâtre de nouveaux désordres. On voit que la prophétesse craint que, en y restant, ils ne soient mis à mort.

(7) Il paraît que ces troubles seront plus graves que les premiers. D'un côté on criera *Vive la république* et *Vive Napoléon*, comme à Paris l'année dernière ; de l'autre, *Vive Henri IV*, *Vive Louis-Philippe* ; à moins que quelques anciens chouans ne se trouvent là, et ne se mettent à crier *Vive Henri V*, *vive Louis* XVII ou *Louis* XIX. Car beaucoup de royalistes doutent que le fils du saint roi tombé sous les coups du libéralisme jacobinique soit réellement mort ; plusieurs même pensent qu'il reparaîtra.

(8) Anathèmes à la ville déjà maudite.

(9) Les républicains, voulant détruire toutes les monarchies, répandront beaucoup d'écrits pour propager leurs doctrines.

(11)

»Le jour de la justice est venu. Je vois, à l'aspect de celui qu'on
»a méconnu, le monde fléchir et tomber (1).

»Une femme l'a sauvé; une femme le suit. Un ministre du
»Très-Haut le soutient. Ce ministre vient d'être oint de l'huile
»sainte. Dieu les accompagne. Voilà votre roi (2).

»Il paraît au milieu de la confusion de l'orage. Quel affreux
»moment! Les bons, les méchans tombent. Babylone est réduite
»en cendres. Malheur à toi, ville maudite (3)!

»Je vis alors les clefs lumineuses paraître vers le nord. Un saint
»lève les mains au ciel; il appaise la colère divine (4).

»Il monte sur le trône de saint Pierre (5).

»Le grand monarque monte sur celui de ses pères; le trône est
»posé au midi (6).

»Tout s'appaise à leurs voix. Les autels se relèvent, la religion
»renaît, les méchans sont détruits et confondus, les injustices se
»réparent. Le grand monarque, de sa main réparatrice, a tout
»sauvé (7).

»Il ne fait que passer; sa gloire est courte (8).

»Il est né dans le malheur (9).

____

(1) Mais *justice* se fera. Louis-Philippe, que la faction de province,
dont la prophétie vient d'annoncer les désordres, aura deux fois méconnu, interviendra en personne dans des guerres qui doivent survenir
entre les nations étrangères, calmera les haines réciproques, *fléchira* le
courroux des souverains, et procurera ainsi la paix à l'Europe.

(2) Philippe, se trouvant dans un grand danger, comme une maladie grave,
une chute de cheval ou de voiture, une attaque de brigands sur quelque
route, sera *sauvé* par *une femme*, son épouse peut-être. Un évêque nou-
vellement sacré volera aussi à son secours. *Voilà votre roi* Louis-Philippe
hors de danger.

(3) Lorsque Philippe interviendra dans la guerre étrangère, ce sera
en des jours d'acharnement barbare. Il verra périr *des bons et des méchans.*
C'est alors qu'un effroyable incendie, éclatant dans l'une des villes les
plus criminelles qui auront pris part aux combats, *la réduira en cendres.*

(4) Il s'agit des *Clefs de saint Pierre*, symbole de la papauté. Le *saint* est
peut-être le prince de Hohenlohe, qui habite le *nord* de l'Europe.

(5) Le prince de Hohenlohe serait alors élu pape.

(6) De retour de son voyage pacificateur dans les pays étrangers, Philippe *montera* triomphalement *sur le trône* de Charlemagne, de saint Louis
et de Henri IV, *ses pères;* mais ce ne sera pas au Palais-Royal. Louis-Philippe
aura dès-lors sa résidence *au midi* de ce palais, c'est-à-dire au Louvre
ou aux Tuileries.

(7) A la voix du saint prince de Hohenlohe et de Louis-Philippe, le
calme renaîtra en Europe. Des *autels* abattus seront reconstruits, l'impiété
sera confondue, et *la religion* recouvrera son antique et salutaire empire
sur les consciences.

(8) Philippe *ne fera que passer* dans les pays étrangers déjà désignés
et n'aura pas le temps d'y acquérir une longue *gloire.*

(9) Louis-Philippe est *né* dans ces temps *malheureux* où la monarchie,
vacillante, et penchant déjà vers l'abîme des révolutions, allait y tomber
avec un fracas dont toute l'Europe devait être ébranlée.

»En l'an 1840, l'enfant de l'exil lui succédera; et la paix alors sera donnée à la France (1) .

» Mais la fin de la fin ne sera pas éloignée (2) ».

PARAGRAPHE III.

Sur la date de la Prophétie de Belley.

Le premier doute à dissiper, quand l'on présente une prédiction surhumaine dont l'accomplissement est partiel ou intégral, c'est celui qui a rapport au temps où elle a été écrite. Je citerai, au

---

(1) *En l'an* 1840, le duc de Chartres, né à Palerme durant l'*exil* de ses parens, succédera à son père, qui, pour finir sa vie dans le repos, lui aura cédé le trône. En ce temps une paix profonde règnera dans toute la France.

(2) Il est peut-être question là de la fin du monde.

On peut, je le sais, faire contre plusieurs alinéas de ce commentaire d'assez fortes objections. Mais il serait plus qu'inutile de m'en occuper.

Voici maintenant quelques faits relatifs à des passages de la prophétie. Un de mes amis, en qui j'ai beaucoup de confiance, parce que ses doctrines et sa vie me sont bien connues, vient de m'annoncer que M. ****, dont il me garantit formellement la sincérité, a reçu, le 12 de ce mois, des environs d'Orange (Vaucluse) une lettre d'un ami intime, digne de foi, qui lui transmet des prédictions. Cette lettre, dont j'ai eu sous les yeux une copie écrite par M. **** lui-même, porte ce qui suit :

« Dans mon département il y a quelque chose de fort extraordinaire ,
» à laquelle je n'ai pas voulu depuis quinze ans faire attention ; et force est
» à moi aujourd'hui d'en être extrêmement étonné. Voici ce qui en est.

» Dans la révolution (du dernier siècle) Mme ****** répétait sans cesse
» qu'un homme viendrait, et qu'il allait bientôt paraître, pour châtier tous
» les rois de l'Europe et la France ; et qu'il serait châtié lui-même à son
» tour ; qu'ensuite il viendrait des Bourbons, d'abord un , puis un autre ;
» et que cependant la France ne serait tranquille qu'après une autre révo-
» lution, et qu'après qu'un grand monarque serait monté sur le trône.
» Sous Louis XVIII et Charles X , elle disait souvent, quoique très-roya-
» liste, que ce n'était pas encore la paix. Enfin au mois de septembre der-
» nier je vis cette dame. Elle m'apprit qu'elle tenait toutes ces prédictions
» d'un vieillard qui les lui avait faites pendant la terreur ; qu'elles se sont
» toutes accomplies, et que ce vieillard lui a dit, entre autres choses, que le
» grand monarque qui devait tout réparer n'était pas mort, et qu'à la dernière
» révolution , lorsqu'on fermerait les églises et que l'on crierait Tout est
» perdu , elle pourrait crier Vive le roi, tout est sauvé; parce que le
» grand monarque paraîtrait à la tête d'une magnifique armée, réparant
» tous les maux, et rétablissant toutes choses.... ».

J'ajoute à ce récit quelques mots d'interprétation de même espèce que le commentaire qui précède. Durant *la dernière révolution*, peu après que *les églises furent fermées*, on put crier *Vive le roi*. Et maintenant Louis-Philippe *paraît* être *à la tête d'une magnifique armée*. Enfin, d'après mes notes sur la prophétie de Belley, il doit *réparer les maux* d'une guerre qui surviendra entre des peuples étrangers.

sujet de celle de Belley, plusieurs personnes, toutes d'un caractère religieux et très-dignes de confiance. Mais, n'étant pas autorisé à les désigner autrement que par les lettres initiales de leurs noms, je ne dois pas me permettre d'en publier aucun. Il m'est pénible de voir ainsi ombragée la manifestation d'importans documens. La haine persécutrice du ministère et de la police contre le royalisme intimide les âmes affectionnées à la religion et à l'auguste famille d'Holy-rood. Elles désirent l'oubli, elles cherchent l'obscurité. La vertu est réduite à se cacher aux regards d'un libéralisme d'effrayant aspect. Et cependant des masses d'imbécilles crient chaque jour qu'à la *tyrannie* de Charles X succède maintenant *le règne de la liberté!*

Malgré la discrétion qu'il ne m'est pas permis de rompre, j'ai l'espoir d'être lu sans défiance. Les personnes dont je suis connu savent quel est mon respect pour la vérité; elles savent qu'il va jusqu'au scrupule, selon les hommes faiblement religieux, et, pour parler juste, qu'il s'étend aussi loin que l'exige la loi divine qui défend le mensonge sans aucune restriction. Je vais donc raconter avec toute la simplicité de la bonne foi ce que je suis parvenu à découvrir sur l'origine de la prophétie de Belley.

Le 19 décembre de l'année dernière, M. M., publiciste non moins distingué par son mérite religieux que par ses connaissances, me communiqua le texte de cette prophétie, tel qu'il se trouve dans les pages précédentes. Il m'assura qu'elle était très-répandue, qu'elle lui paraissait digne de confiance; et il me désigna trois personnes comme pouvant donner à ce sujet des renseignemens. Le 20, j'allai chez deux de ces personnes; elles ne m'apprirent rien de satisfaisant.

Le 10 janvier, j'eus occasion de voir M. B., l'un des libraires les plus estimables de la capitale. Je lui parlai de la prophétie. Il m'attesta qu'il la connaissait depuis le mois d'août, et avant la mort du malheureux prince de Condé (1), si bien annoncée dans les premières lignes. Ensuite il me dit qu'il tenait de M. de B. la connaissance de l'écrit dont je cherchais la date.

Le 16, je vis M. de B., propriétaire recommandable par ses vertus. Il était l'une des trois personnes que l'auteur dont je parlais il y a quelques instans m'avait déjà nommées. M. de B. me dit qu'il connaissait effectivement la prophétie depuis le mois d'août et avant que le prince de Condé ne mourût. Il ajouta, en réponse à mes questions : Un de mes amis, très-digne de foi, m'a certifié qu'il avait eu, lui, connaissance des deux premiers articles, qui sont la prédiction du bouleversement de juillet et celle de la mort d'un Bourbon en août, antérieurement à ce même mois de juillet 1830.

---

(1) Le libéralisme se plaît à dire et à répéter que S. A. se suicida. Mais une noble famille s'occupe de faire constater les faits judiciairement et se flatte de pouvoir venger avec éclat la mémoire du prince.

(14)

Le 20, un ecclésiastique de ma connaissance me transmit une
lettre qu'il venait de recevoir en réponse à des renseignemens que
je l'avais prié de demander. Cette lettre porte : « Je n'ai eu la pré-
» diction que vous m'envoyez (1) qu'au milieu du mois d'août,
» peut-être même vers la fin... Je pense qu'elle vient de la rue
» des ....., n°.. (2) ; car il y a plus de trois ans qu'un de mes cou-
» sins qui y avait sa sœur me parla d'une prédiction pareille...
» *Signé* De S. ».

Le 23, j'allai voir M. L., ecclésiastique dont le mérite m'est
connu. Nous parlâmes de prophéties. Dès que je lui eusse prononcé
cé le titre de celle dont je m'occupais, il me dit : « Oh ! je sais
quelque chose de curieux là-dessus ! Vers le mois de mai 1829, je
rencontrai le soir chez le Père H. (supérieur d'une maison religieuse) un Monsieur de C..., qui parlait beaucoup de prédictions. A
huit heures environ, nous sortîmes ensemble, et notre conversa-
tion resta sur les prophéties. Nous arrivâmes ainsi jusques aux
Quais. Quand nous fûmes devant le Palais de l'Institut, ma de-
meure étant rue Mazarine, je m'arrêtai. Là notre entretien con-
tinua, toujours sur le même sujet ; et nous ne nous séparâmes
qu'à 10 heures. Eh bien, c'est en ce lieu que M. de M. (l'habitant
de C... dont il s'agit) me dit avec vivacité : « Je connais par-
» ticulièrement Mgr. Salmon (évêque d'Évreux), et je tiens de
» lui-même qu'il connaît intimement une religieuse que Dieu a
» honorée de révélations. D'après ces révélations, qu'elle a racon-
» tées à Mgr. Salmon, qui me les a ensuite communiquées, le
» mois de juillet ou d'août de l'année prochaine ne se passera pas
» sans qu'il arrive une catastrophe. Vous voyez bien là-bas (ajou-
» ta-t-il, en me montrant les Tuileries) ; eh bien, ils seront obligés
» de s'en aller. (Puis me montrant les pavés) Et le sang coulera
» là-dessus. Mais ça ne sera pas long. Ensuite les événemens va-
» rieront. Il y aura paix, il y aura guerre. Enfin, en 1840 com-
» mencera une paix complète (3) ».

Le 29, il me parvint, du royaume de Sardaigne, une réponse à des demandes de renseignemens, adressées à la Supérieure d'une maison religieuse par un missionnaire que j'ai l'avan-
tage de connaître. Cette réponse de Mme la Supérieure contient le
passage suivant : « Hier, en recevant votre lettre et en la commu-
» niquant ici à nos compagnes, nous les avons questionnées ; mais
» tout ce qu'elles ont su nous apprendre est seulement qu'elles

____

(1) Il s'agit de celle de Belley.

(2) M. l'abbé de S. désigne ici un couvent de religieuses.

(3) Dans une lettre parvenue à Paris depuis ma première édition, M. de
M. dit que les prédictions qu'il analysa en 1829 à M. L. ne venaient pas
de Belley. Si M. de M. ne se trompe pas, il est vrai du moins qu'il existait cette année-là une prophétie singulièrement conforme à celle de la
religieuse.

- avaient entendu dire qu'il y avait à Belley une religieuse à qui
» Dieu faisait des communications de cette nature... *Signé Sœur T.* ».

Le même jour, la première édition de cet opuscule étant prête
à être mise sous presse, elle le fut. Car je n'espérais plus recevoir
de réponses à deux lettres que j'avais écrites depuis six semaines,
l'une à un ecclésiastique de Belley, l'autre à un propriétaire des
environs.

Le 9 février, je reçus enfin de celui-ci, dont je connais les ho-
norables principes, une lettre où se trouve cette attestation : « Tout
» ce que je sais de la prophétie dont vous me parlez, c'est qu'en
» 1828, époque où l'on dit que la religieuse en donna connaissance,
» l'on m'en fit part, et l'on m'annonça que c'était une fille très-
» simple et qu'elle avait eu des visions. Je ne pris pas alors co-
» pie de sa prédiction, qui se trouve à peu près conforme à celle
» de De Leuze ».

Ici se terminent tous les renseignemens que j'ai pu recueillir.
S'ils ne sont pas, comme j'en conviens, suffisans pour prouver que la
prophétie, telle que je la rapporte, a été faite avant le 25 juillet 1830,
du moins il ne s'en faut pas de beaucoup.

PARAGRAPHE IV.

De l'origine de la Prophétie de Belley.

Les témoignages que j'expose à l'appui de l'écrit prophétique de Belley constatent d'abord qu'il doit être distingué de
beaucoup d'autres qui, sans aucun indice de vérité, circulent obscurément depuis la révolution. Il est authentique en ce sens, que
certainement il existait avant la mort du prince de Condé ; et
vraisemblablement plus d'une année avant les malheurs inattendus
du mois de juillet 1830. Les mêmes témoignages, rapprochés du
texte de la prédiction, indiquent qu'elle doit être surnaturelle.
Car manifestement il était impossible à la pénétration de l'esprit
humain de prévoir en 1829 ni même en 1830 qu'une révolution
éclaterait à Paris vers la fin de juillet dernier, que les rues de
cette capitale seraient alors le théâtre de combats sanglans, que
l'on jetterait à la Seine une partie des morts, que des femmes et
des enfans seraient tués, qu'un membre de l'auguste et puissante
famille des Bourbons se verrait contraint à l'exil, que le mois suivant un autre perdrait la vie, qu'enfin le peuple parisien serait
trembler en décembre un gouvernement que lui-même aurait
établi quatre mois auparavant.

Me parlera-t-on des chances du hasard et de l'ignorance où
nous sommes des limites imposées à nos prévisions ainsi qu'aux
forces de la nature en général ? Ce serait ici déraisonner miséra-
blement. Car qu'un homme se présente, qui d'un souffle res-

suscite des cadavres humains en putréfaction, qui d'un souffle encore renverse des édifices tels que le Louvre et le Palais-Royal; que le même homme écrive aujourd'hui avec détails et sans erreur tous les événemens importans qui se passeront en Europe le mois prochain; on pourra opposer à ses miracles les mêmes paroles, lui dire qu'ils sont les effets tant du hasard que des propriétés occultes de la respiration. Voyez, hommes irréligieux, comme les arguties que vous prenez pour de fortes raisons sont parfois stupides! Il est vrai cependant que certaines prédictions faites au hasard peuvent se réaliser, et vrai aussi que la science humaine est loin d'avoir découvert toutes les lois et toutes les forces de la nature. Mais l'évidence est là d'ordinaire, pour faire distinguer les faits surnaturels de ceux qui ne le sont pas. En vain me répéterez-vous que j'ignore jusqu'où peut aller un pressentiment. Tenez, voici un de vos drapeaux révolutionnaires sur lequel le bleu et le rouge se touchent, mais avec un affaiblissement de leurs teintes gradué presque jusqu'à l'incoloration. Montrez-moi avec précision où finissent, dans toute la largeur du drapeau, l'une et l'autre couleurs... Quoi! vous restez immobile!.... Donc il vous est impossible de jamais distinguer le rouge du bleu.... Vous souriéz, pensant que j'ai dit une sottise. Oui, mais c'est la vôtre que j'ai répétée. Remarquez donc que, bien que vous ignoriez jusqu'où s'étend précisément chacune des deux couleurs, vous ne voyez pas moins avec évidence qu'il y a sur le drapeau du rouge à droite et du bleu à gauche, et que l'un est manifestement distinct de l'autre. C'est assez. Allez, et sachez désormais qu'il en est de même du naturel et du surnaturel.

Il me reste peu de mots à ajouter sur la prophétie de Belley. Sans porter aucune trace d'origine infernale, elle a au contraire toutes les apparences d'une œuvre de source céleste. Il serait utile de savoir quelles étaient les doctrines et les mœurs du mortel qui a prophétisé ainsi; mais je l'ignore tout-à-fait. Je n'ai même aucune preuve que ce soit une religieuse, ni que la prophétie vienne originairement de Belley.

Quoi qu'il en soit, si l'on considère attentivement combien de causes libres sont intervenues dans les faits déjà réalisés et avec quels détails ils ont été probablement prédits, on se sentira porté à croire que l'écrit dont je viens de m'occuper exprime des révélations célestes.

Les vraisemblances réunies en faveur de cet écrit m'ont décidé à le rendre public. Si les événemens non encore arrivés qui s'y trouvent prédits se réalisent, ce sera du moins un fait incontestable qu'il existait au plus tard en janvier 1831, et il faudra bien alors l'attribuer à des connaissances descendues des régions éternelles dans quelqu'âme terrestre.

PARAGRAPHE V.

Texte, commentaire, date, et origine, de la Prophétie de Ville-neuve-de-Berg (Ardèche).

« Lettre écrite par M. le curé de V. à M. C., grand-vicaire à V. :

» Monsieur, le nommé Deleuze, propriétaire et travailleur de terre, m'avait donné en 1827 tous les détails de ce qui vient de se passer. Il disait que ce serait en 1829 que les troubles commenceraient dans les Chambres, et qu'en 1830 auraient lieu les grands événemens. Cet homme est mort le 10 décembre 1829.

» Après avoir reçu les sacremens, il me dit : « A présent je meurs » content ; je ne regrette qu'une chose ». Je lui demandai ce que c'était. « C'est, dit-il, de ne pas voir finir la révolution ». Je lui observai qu'il aurait peut-être long-temps à vivre. Il me répondit : « Ah ! Monsieur, il n'y a plus que pour deux ans (1). Je vous ai » toujours dit qu'en 1829 et 30 vous verriez de grands évènemens. » Ils sont commencés par le trouble qui existe dans la Chambre ; » et vous verrez que dans le courant de l'année 1830 Charles X » sera chassé de son trône par ses sujets. Il y aura une grande ré- » volution dans Paris : beaucoup de sang sera versé, les rues se- » ront dépavées, et les troupes du roi l'abandonneront (2). Il » prendra la fuite. Le duc d'Orléans montera sur le trône. Pendant » son règne les bannis rentreront dans la capitale (3) ; et c'est là » où ils périront. Le règne du duc d'Orléans sera bien *long*. Il » mourra d'une mort *paisible*. La religion ne sera pas persécutée » d'une manière ouverte ; mais elle ne sera pas mieux traitée » pour cela (4). Nous aurons la guerre avec les Arabes, dont nous » serons vainqueurs ; et ces mêmes Arabes viendront nous aider à » *porter* le joug *d'un budget de douze cents millions* qui nous acca-

---

(1) Cette assertion ne s'accorde pas avec la prophétie de Belley, qui annonce pour 1832 des troubles révolutionnaires.

(2) C'est-à-dire, apparemment, *abandonneront Paris* et non pas *le roi*. Car Charles X ne fut *abandonné* que d'une faible partie des troupes. Et sa fidèle garde aurait sans doute triomphé des révolutionnaires au Louvre et à Rambouillet, si S. M. lui eut donné pour chef, non un maréchal engourdi de constitutionalisme, mais quelque général d'un royalisme pur, ou bien S. A. R. le Dauphin, qui trois fois fit seller ses chevaux, en sollicitant, sans pouvoir l'obtenir, la permission d'aller combattre les insurgés. Voyez les brochures *La Garde royale* et *Dix jours de 1830*.

(3) Cette circonstance a eu lieu en effet. La capitale du libéralisme, encombrée d'hommes pervers, est plus que jamais l'égout de la dépravation européenne.

(4) Les infamies que commet impunément le libéralisme dans ses journaux, dans ses livres, dans ses théâtres, et même sur les places publiques, contre la religion et ses ministres, contre les séminaires et contre les croix, sont un accomplissement exact de cette prédiction.

» blera. Charles X *restera en Ecosse* et se vengera (1). Il éprouvera
» beaucoup de résistance; il y aura beaucoup de sang de versé, un
» grand carnage, surtout depuis *Kirkcudbridg* jusqu'à *Edim-*
» *bourg* (2). Les troupes étrangères viendront abreuver leurs che-
» vaux dans les eaux *de l'Anan* (3). *Edimbourg* sera saccagé et dé-
» truit; on verra naître l'herbe dans ses rues. La France s'épurera.
» Charles X ne règnera plus sur les Français. Il abdiquera en fa-
» veur d'un jeune prince de sa race, qui établira sa résidense dans
» le midi (4). La Chambre sera *exaltée* sous le nouveau roi d'accord
» avec un grand pape (5). Les lys reprendrout toute leur beauté,
» et la religion reprendra tous ses droits et tout son empire (6);
» et c'est alors que la France jouira de la tranquillité (7) ».

» Voilà, M. le grand-vicaire, le récit exact que m'a fait Deleuze
quelques jours avant sa mort. Il m'avait dit la même chose deux
ans auparavant. Je souriais pendant son récit auquel je n'ajoutais
aucune foi. Il me dit :« Je vois bien, Monsieur, que vous ne
» croyez pas à ce que je vous dis. Mais vous le verrez dans le cou-
» rant de l'année prochaine. Pour moi, j'en suis aussi sûr que de
» ce qui est passé. Oh! dans quel beau temps vous allez vivre
» après la crise »!

« Cet homme ne lisait aucun journal. A peine il savait signer.
Comme il se servait de Nostrodamus, je regardais ses prédictions
comme des rêves. Mais il a dit vrai. Ses prophéties, qui sont connues de toute la ville (Villeneuve), car il les débitait à qui voulait
les entendre, ont fait beaucoup de bien dans ce moment-ci. Elles
ont contenu le peuple qui pense généralement qu'elles s'accompli-
ront jusqu'au bout ».

---

(1) Il s'agit là sans doute d'une vengeance juste; car la piété de ce
prince, si digne de vénération et d'amour, n'est pas suspecte.

(2) Annonce de troubles sanglans en Ecosse. Charles X, voulant les
calmer, *éprouvera beaucoup de résistance.* On sait qu'*Edimbourg* est la capitale de l'Ecosse. Quant à la grande ville de *Kirkcudbrigt*, située sur la
côte méridionale du même pays, elle a un port de mer et est chef-lieu
d'un comté ou département.

(3) L'*Anan*, fleuve qui coule du nord au midi, traverse le comté de
Kirkudbrigt; et se précipite dans la mer à 10 ou 12 lieues de cette ville.

(4) Dans le royaume de Naples, patrie de son auguste mère.

(5) Il y a eu l'année dernière entre Pie VIII et Philippe un *accord* étrange.
Et sous ce *nouveau roi* la Chambre s'élève si haut, qu'elle court risque
d'être écrasée en cas de chute.

(6) On sait que les lys sont restés en France dans les armoiries de
Louis-Philippe. J'invite ce prince et son ministre Barthe à réaliser le reste
de la prédiction.

(7 On voit que cette prophétie est fort analogue à celle de Belley. Mon
système d'interprétation pour la première ressemble beaucoup aussi à celui que j'ai adopté pour la seconde. Il est du reste une différence dont je
dois avertir. Le texte des prédictions de Belley a été transcrit par moi fi-
dèlement; mais celui de la lettre de M. V. est inexact en quelques en-
droits, que j'ai tous désignés par des caractères italiques.

La lettre que je viens de transcrire ne m'est connue que depuis peu de jours. Je la reçus en même temps de Paris et d'une province méridionale. Les deux copies que j'ai sous les yeux sont, à l'exception de quelques mots sans importance, conformes l'une à l'autre.

Voici maintenant ce que j'ai appris de relatif à la date de la prédiction. Un administrateur, qui fut élevé dans les environs de Villeneuve-de-Berg, m'a montré une lettre portant le timbre de décembre 1830, écrite à lui-même par une de ses parentes qui habite à quelques lieues de là, et contenant ces mots : « Il y a » une prophétie d'un homme de Villeneuve-de-Berg qui est mort » depuis plus d'un an. Elle inspire la plus grande confiance ; car » il avait prédit bien d'avance la guerre d'Afrique, la prise d'Al- » ger, etc. Elle est très-répandue dans le pays et les environs, et » même en France ». Après avoir pris note de ce renseignement, j'en demandai d'autres à un médecin de ma connaissance, qui m'avait été désigné comme ayant vu un témoignage très-important sur l'authenticité de la même prédiction. Il m'attesta ainsi la réalité du fait : « Un curé de l'Ardèche m'a communiqué » une lettre dans laquelle M ****(1) de Villeneuve-de-Berg lui » déclarait que la prédiction de Deleuze a été réellement faite il y » a un an ». Voilà donc encore une prophétie vraisemblablement antérieure à la catastrophe du mois de juillet (2) ».

---

(1) La personne dont il s'agit là est l'une des plus dignes de confiance qui soient à Villeneuve.

(2) M. l'abbé *** rapporte dans son ouvrage publié en 1829 sous le titre de *Tableau des trois époques* qu'une religieuse, guérie miraculeusement d'une maladie grave a prédit les principaux faits des Cent jours, ainsi que des événemens non encore arrivés, et ceux-ci entr'autres :

Un temps vient où du nord au midi il coulera des ruisseaux de sang par suite d'un combat terrible. Les méchans croiront un moment triompher ; mais les bons, tout à coup secourus, seront victorieux. La crise ne durera pas plus de trois mois. Ensuite la religion, l'ordre, la paix, règneront admirablement.

M. *** avertit qu'il ne dit pas tout ce qu'il sait. Mais j'ai reçu de deux personnes qui me sont bien connues des copies complètes de la prédiction tronquée dans le *Tableau des trois époques*. Et voici ce que je trouve de plus saillant dans les passages inédits :

« (Dans ma vision) du grand combat, j'entendis nommer les mois de » mai et de juin... Je vis une capitale brûlée, pillée, saccagée... Une voix » dit : Je vais donner à ce royaume un roi selon mon cœur. Il aura en » partage la douceur, la sagesse et la sévérité. Il fera tout rentrer dans » l'ordre et le devoir... Les trois années qui suivront le règne du grand » monarque seront abondantes. Dans ce moment je vis (j'eus vision de) » un jeune homme qui me parut avoir 33 ans (la vision est datée de 1816)... » En même temps la voix me dit : Voilà celui que je garde de tous périls » pour le bonheur du royaume... Il n'y viendra qu'après le grand com- » bat. Il y sera conduit par l'empereur de Russie... J'ai vu une armée qui

Que cependant l'on ne conclue pas de là qu'il a probablement été donné des lumières surnaturelles au cultivateur de Villeneuve. S'il lisait, comme on le rapporte, *Nostradamus*, il put bien lire aussi la prédiction de Belley et d'autres encore. Peut-être donc que la sienne n'est qu'une analyse inexacte de celles-là. Et l'on est en droit de porter le même jugement sur plusieurs qui circulent depuis six mois, les unes manuscrites, les autres imprimées.

» allait au-devant d'eux. Et, à la réunion, les airs rétentissaient des cris
» Vive la religion, vive le roi... Il fera une étroite alliance avec l'empereur
» de Russie, qui se fera catholique ; et tous deux emploieront toute leur
» puissance pour le bien de la religion qui fleurira de la manière la plus
» admirable ».

On a lu précédemment qu'Edimbourg doit être détruit à la suite d'une guerre civile. Si la prédiction que je viens de copier était vraie ; la marine russe serait donc destinée à conduire en Ecosse un personnage que les troupes de ce pays accueilleraient en roi ; et la catholicité, à voir la grande âme du plus puissant monarque de l'Europe reconnaître le pouvoir de l'Eglise. Mais tout ceci mérite peu l'attention. Car M. *** ne donne aucun renseignemsnt sur la manière dont la prédiction qu'il rapporte est parvenue à sa connaissance ; et il se peut fort bien qu'il ait été dupe d'une rêverie ou d'une imposture.

FIN.

www.ingramcontent.com/pod-product-compliance
Lightning Source LLC
Chambersburg PA
CBHW061153050726
47594CB00008B/3386